M. LOUIS-BAZILE.

M. LOUIS-BAZILE.

On annonçait récemment la perte que vient de faire le département de la Côte-d'Or, en la personne de M. Louis-Bazile, ancien député, ancien membre du conseil général, officier de la Légion d'honneur, décédé le 19 avril au château de Belan-sur-Ource. Nous voudrions aujourd'hui, en retraçant les principaux actes de sa vie, payer à la mémoire de cet homme de bien, de ce citoyen généreux et dévoué un juste tribut d'éloges et de regrets.

Il était originaire du département de l'Aube où sa famille occupait un rang distingué ; mais de bonne heure il se fixa dans cette Bourgogne qui devint sa patrie adoptive. A 16 ans, le jeune Charlemagne Louis venait à Châtillon-sur-Seine, et entrait dans la maison de commerce de M. Bazile-Poussy, un homme qui jouissait à bon droit, à cette époque, d'un grand renom d'intelligence et de probité. C'était en 1803.

A cette sévère école de travail et d'honneur le jeune Louis s'initia aux affaires, se fit remarquer par son aptitude et mérita si bien la confiance de M. Bazile, que celui-ci lui donna bientôt sa fille en mariage. Dès ce moment, le nom de sa femme indissolublement uni au sien, forma pour ainsi dire la raison sociale de sa carrière industrielle et politique.

Cette alliance avec une famille considérable de Châtillon était de nature à resserrer les liens chaque jour plus nombreux, que M. Louis-Bazile contractait avec son pays d'adoption. Il était à cette époque, entièrement appliqué aux affaires commerciales. Chargé par son beau-père de négociations importantes, il parcourait fréquemment les départements bourguignons où il se faisait avantageusement connaître. C'est ainsi que de bonne heure il noua avec l'arrondissement de Semur des relations qui préparèrent son entrée dans la vie politique.

En 1824, commence pour lui une phase nouvelle. Le duc de Raguse avait résolu de créer à Châtillon, comme annexe de son habitation seigneuriale, un ensemble d'établissements industriels. Cette pensée digne de l'activité du maréchal, lui était sans doute inspirée par le désir d'attacher son nom à des créations utiles et de faire ainsi profiter son pays natal de sa haute fortune. En outre de divers bâtiments d'exploitation agricole, d'une sucrerie, d'une vermicellerie, le duc de Raguse avait construit sur les modèles usités en Angleterre, la forge de Sainte-Colombe, qui par ce motif a longtemps porté le nom de Forge anglaise. Pour exploiter cette usine il forma une Société en nom collectif avec MM. Louis-Bazile, Léon Bazile, Maître-Humbert et Leblanc. C'est là le point de départ de la transformation de l'industrie métallurgique dans la Côte-d'Or, c'est là l'origine de cette grande Société qui a si puissamment contribué à la prospérité du Châtillonnais.

Le moment où quelques hommes intelligents transformaient en ce pays l'industrie du fer correspond à une époque intéressante de notre histoire politique. Au sage Louis XVIII, avait succédé Charles X dont la popularité éphémère s'était bientôt évanouie. Les lois sur le sacrilége, sur l'indemnité des émigrés, sur le droit d'aînesse, sur la presse, présentées par le ministère de M. de Villèle avaient produit un mécontentement général. Un grand mouvement se faisait en faveur des idées libérales, et le département de la Côte-d'Or y prenait une vive part; l'opposition grandissait à Dijon, à Beaune, comme à Châtillon et à Semur. Dans ces dernières villes parmi les adversaires de la politique du gouvernement, se plaçait au premier rang M. Louis-Bazile.

Allié à une famille influente, chef d'une grande industrie, il jouissait d'un véritable crédit. Ses qualités personnelles augmentaient encore la confiance publique. Doué d'une intelligence vive et étendue, d'une élocution facile, il avait l'âme élevée, le caractère énergique, le cœur généreux ; son extérieur était imposant, à la fois sérieux et affable. Ses convictions politiques étaient bien connues. Il appartenait à ce grand parti libéral issu de 89 qui, à la suite des gloires de l'Empire, avait subi avec douleur les traités de 1815 et ne supportait qu'avec peine une politique contraire aux principes de la Révolution. En cela, il se trouvait d'accord avec le sentiment public. Aussi, lorsque les élections de 1827 arrivèrent, les électeurs libéraux de Châtillon et de Semur le portèrent-ils d'un commun élan candidat à la Chambre des députés. Il fut élu et avec MM. Mauguin et de Chauvelin fit partie de cette députation de la Côte-d'Or qui se voua avec ardeur à la défense des idées libérales.

On sait avec quelle rapidité se précipitèrent les événements de cette époque. M. de Villèle était tombé sous le poids de son impopularité. Après lui, l'éloquent M. de Martignac tenta entre la monarchie et le parti libéral une conciliation qui eut bien vite échoué. Le ministère du prince de Polignac fut le signal de la lutte entre la royauté et le pays. En ouvrant la session de 1830, Charles X avait fait entendre des paroles menaçantes; la Chambre des députés y répondit par cette adresse célèbre qui déclarait qu'entre les vœux du gouvernement et ceux du peuple le concours n'existait pas. M. Louis-Bazile fut de ces 221 députés qui, par cet acte hardi, revendiquèrent hautement les droits de la nation.

La dissolution de la Chambre suivit de près, mais le vote des 221 eut un effet immense. Les députés furent partout fêtés et applaudis ; on les proclama les sauveurs de la patrie, et l'on frappa une médaille en leur honneur. Ce fut pour M. Louis-Bazile l'époque de sa plus grande popularité ; son retour à Châtillon fut une véritable ovation.

Les élections nouvelles qui le rappelèrent à la Chambre avaient, malgré les efforts du pouvoir, augmenté les forces de l'opposition. Charles X se décida alors à rendre ses ordonnances et la révolution éclata. En trois jours, la monarchie des Bourbons fut renversée. Accourus à Paris, les députés avaient à pourvoir au salut du pays ; ils décernèrent la couronne à Louis-Philippe d'Orléans. Avec les hommes illustres de ce temps dont il était l'ami, avec Lafayette, Benjamin Constant, Laffite, Dupont de l'Eure, Dupin, etc. M. Louis-Bazile crut fonder ainsi le règne de l'ordre et de la liberté.

En 1831, il eut les honneurs d'une troisième élection et toujours fidèle à ses convictions libérales il continua à siéger à la Chambre jusqu'en 1834, époque où sa santé gravement altérée le força de décliner un mandat que les électeurs persistaient à lui confier.

Dès lors, M. Louis-Bazile se consacra principalement à la direction de la grande société industrielle dont la raison sociale était : Bazile, Louis, Maître et compagnie. Cette société entrait alors dans une voie de développement considérable. Ses chefs étaient doués de qualités remarquables et diverses qui, réunies, concouraient admirablement à la prospérité commune; à leur capacité incontestable ils joignaient une droiture, une probité qui valurent à leur association une juste renommée. Il faut le reconnaître, le succès de cette grande entreprise eut la plus heureuse influence sur la richesse générale du Châtillonnais.

Cependant M. Louis-Bazile n'était pas demeuré éloigné des affaires publiques. Membre du conseil général pour le canton de Châtillon, il apportait dans l'assemblée départementale les mêmes principes, le même dévouement au bien public dont il avait fait preuve à la Chambre et qui l'inspirèrent toujours dans les nombreuses et diverses fonctions auxquelles il fut appelé par ses concitoyens (*). Pendant près de 30 ans, il fut associé à toutes les créations, à toutes les améliorations qui furent réalisées par le département de la Côte-d'Or.

Possesseur d'une belle fortune, M. Louis-Bazile n'avait rien changé à la simplicité de sa vie; en effet, il n'aimait point le luxe, mais seulement les dépenses utiles. Après l'industrie, l'agriculture occupa ses loisirs. Il se plut à établir non loin de Châtillon une ferme perfectionnée et un parc aujourd'hui complété par une belle habitation. Ainsi tour

---

(*) M. Louis-Bazile a rempli les fonctions suivantes : adjoint de la ville de Châtillon, 1819; juge au tribunal de commerce, 1823, réélu en 1826; membre de la Chambre des députés, 1827 — 1834; colonel de la garde nationale en 1830; président du tribunal de commerce, 1835; membre du conseil général de la Côte-d'Or pour le canton de Châtillon, 1834 — 1861; député au Corps législatif, 1852 — 1863; administrateur de la caisse d'épargnes et membre du bureau de bienfaisance pendant trente-deux ans.
Il avait été nommé chevalier de la Légion d'honneur en 1831 et officier du même ordre en 1863.

à tour industriel et agriculteur, on peut dire qu'il ne resta étranger à aucune des occupations favorites du pays dont les intérêts lui étaient si bien connus et pour ainsi dire rendus familiers par une pratique personnelle. Dans les arts utiles comme dans la politique, il fut homme d'initiative et de progrès.

En 1846, le gouvernement de Juillet entrait dans une phase difficile. L'opinion publique demandait des réformes qui eussent sans doute prévenu une révolution. Les électeurs libéraux de Châtillon offrirent la candidature à M. Louis-Bazile, et si le succès ne répondit pas à leurs espérances, il fut certes le seul dans son parti qui n'en fut point ému. En effet, il n'avait point d'autre ambition que de se dévouer et il se rendait à l'appel de ses compatriotes plus qu'il ne briguait leurs suffrages.

Son esprit ferme et résolu le préparait à supporter également la bonne et la mauvaise fortune. Il le fit bien voir en 1848. Au milieu des désastres de cette malheureuse époque, il ne conçut aucun découragement et ne désespéra jamais de l'avenir de son pays. La société était menacée : il usa de sa grande autorité morale pour combattre les mauvaises doctrines et relever les esprits chancelants ou abattus. Ses conseils ouverts à tous étaient fortifiants et salutaires. Bien mieux, il était prêt à payer d'exemple, et à 60 ans, s'il l'eût fallu, à recommencer sans regret une vie de labeur et de fatigue. Sa généreuse nature était aussi éloignée de la crainte qu'étrangère aux calculs de l'égoïsme.

Cependant il s'agissait de résister aux ennemis de l'ordre social : M. Louis-Bazile prit place dans les rangs de ce grand parti conservateur dont l'union sauva la France. Porté aux élections pour l'Assemblée constituante, il ne fallut rien moins que le système vicieux du scrutin de liste et l'influence exercée dans la Côte-d'Or par les commissaires de la République en leur propre faveur pour l'empêcher d'être élu. Il n'en réunit pas moins un nombre très-considérable de suffrages.

C'est en 1852 que M. Louis-Bazile rentra sur la scène politique. Le coup d'État venait de clore la révolution. Le prince Louis-Napoléon rétablissait l'ordre et l'autorité et constituait, selon le vœu de la nation, un grand gouvernement capable de diriger et de modérer la démocratie française. Les élections du Corps législatif eurent lieu ; Semur et Châtillon, de nouveau réunis, nommèrent leur ancien député. Par ses services passés, par la grande notoriété de son nom, il était le seul qui pût rallier les suffrages de deux arrondissements.

En reprenant possession de son siége législatif, M. Louis-Bazile comprit que le vrai patriotisme consistait à soutenir le gouvernement qui se proposait la noble tâche de réparer les désastres accumulés par trois années de révolution. Il donna donc son concours au Prince-Président, partagea la confiance du Pays envers son libérateur, et, réuni à ses collègues du Corps législatif, proclama l'Empire dont les souvenirs glorieux lui étaient restés chers. Dès lors il s'associa, par ses votes, à la politique de l'Empereur et à tous les grands actes de son règne. Réélu en 1857, il siégea encore jusqu'en 1863.

L'un des doyens de la Chambre, il était entouré de la considération et du respect de ses collègues. Les membres du gouvernement lui montraient une grande déférence, et l'Empereur lui-même daigna plus d'une fois lui donner des marques particulières de son estime. Ce haut témoignage s'appliquait dignement à une si belle et si honorable carrière !

Il nous reste à rendre hommage au rare désintéressement de l'ancien député de la Côte-d'Or, à sa modération constante, à l'élévation de son esprit impartial et juste. Dans les luttes politiques auxquelles il fut mêlé, il n'apporta jamais ni animosité, ni passion, aussi ne connut-il point les rancunes et les ressentiments qui n'en sont que trop souvent la suite. Il ne fut point l'homme d'un parti, mais s'appliqua constamment à être l'homme du pays, le citoyen dévoué aux intérêts de tous.

Il possédait, à un haut degré, le don précieux, indispensable à tout homme public, le caractère, et c'était là peut-être le trait principal de sa physionomie mâle et imposante. Son courage civil avait brillé dans la politique ; il ne montra pas moins de fermeté dans la vie privée à travers les épreuves qui lui étaient réservées. Il perdit une fille bien-aimée, sa petite-fille unique, emportée à l'âge de vingt-deux ans par une catastrophe aussi affreuse qu'imprévue ; sa femme enfin qui, pendant un demi-siècle, avait été sa compagne dévouée et il supporta ces coups successifs avec courage et résignation.

C'est au milieu des siens, dans une belle retraite créée par ses soins, que M. Louis-Bazile s'est éteint doucement à l'âge de 80 ans.

Sa vie peut se résumer en quelques mots. Homme politique, il a soutenu deux nobles causes, la liberté et l'ordre. Grand industriel, il a concouru au développement de la richesse de son pays et attaché son nom à l'époque de la plus grande prospérité du Châtillonnais. Homme de bien, à l'esprit droit, au cœur génereux, il a exercé autour de lui une influence bienfaisante et salutaire. A ces titres divers, M. Louis-Bazile a mérité de vivre et vivra longtemps dans la mémoire fidèle et reconnaissante de ses concitoyens !

Paris.-Imp. PAUL DUPONT, 45, rue de Grenelle-Saint-Honoré.

www.ingramcontent.com/pod-product-compliance
Lightning Source LLC
Chambersburg PA
CBHW060921050426
42453CB00010B/1851